BEI GRIN MACHT SICH IHR WISSEN BEZAHLT

- Wir veröffentlichen Ihre Hausarbeit, Bachelor- und Masterarbeit

- Ihr eigenes eBook und Buch - weltweit in allen wichtigen Shops

- Verdienen Sie an jedem Verkauf

Jetzt bei www.GRIN.com hochladen und kostenlos publizieren

Simon Hemstreit

Feldbussysteme LON und KNX

GRIN Verlag

Bibliografische Information der Deutschen Nationalbibliothek:

Die Deutsche Bibliothek verzeichnet diese Publikation in der Deutschen National-
bibliografie; detaillierte bibliografische Daten sind im Internet über http://dnb.d-
nb.de/ abrufbar.

Impressum:

Copyright © 2008 GRIN Verlag GmbH
Druck und Bindung: Books on Demand GmbH, Norderstedt Germany
ISBN: 978-3-640-40790-3

Dieses Buch bei GRIN:

http://www.grin.com/de/e-book/133570/feldbussysteme-lon-und-knx

GRIN - Your knowledge has value

Der GRIN Verlag publiziert seit 1998 wissenschaftliche Arbeiten von Studenten, Hochschullehrern und anderen Akademikern als eBook und gedrucktes Buch. Die Verlagswebsite www.grin.com ist die ideale Plattform zur Veröffentlichung von Hausarbeiten, Abschlussarbeiten, wissenschaftlichen Aufsätzen, Dissertationen und Fachbüchern.

Besuchen Sie uns im Internet:

http://www.grin.com/

http://www.facebook.com/grincom

http://www.twitter.com/grin_com

Bussysteme in technischen Prozessen - Verteilte Systeme in der Automatisierung

Feldbussysteme - Local Operating Network und Konnex

Seminararbeit

Vorgelegt von:
Simon Hemstreit

Abgabetermin: 02.12.2008

KURZFASSUNG

Diese Arbeit enthält detaillierte technische Daten über die Feldbussysteme LON und KNX/EIB. Im Zuge der Seminararbeit werden die beiden Feldbussysteme auf Ihre technischen Eigenschaften und allgemeinen Spezifikationen untersucht. Diese Arbeit dient zum näheren Verständnis der Feldbussysteme und soll Fachleuten der Prozess- und speziell aus der Gebäudeautomatisierung als auch Betreibern von Systemen einen tieferen Einblick in die Technologie bieten.

Die allgemeinen Informationen der Bussystemhersteller und Organisationen zur Unterstützung der Lieferanten und Nutzer sind durch diese Arbeit zu ergänzen.

ABKÜRZUNGSVERZEICHNIS

LON	Local Opüerating Network (Feldbussystem)
KNX	Konnex (Feldbussystem)
EIB	European Instabus (Feldbussystem)
LonMark	Lon Mark Association (Institut zur Förderung der LON-Bustechnologie)

SCHLÜSSELBEGRIFFE

LON
KNX
EIB
Übertragungsverfahren
Bustopologie
Entstehung
Normen
Standard
Telegrammform
Systemgrenzen
Übertragungsgeschwindigkeit
Zeitverhalten
Einsatzbereiche

INHALTSVERZEICHNIS

1. ENTSTEHUNG UND GESCHICHTE

Die nachfolgenden Unterkapitel bieten einen kurzen Überblick an der Entstehung der Standards LON und KNX/EIB. Die historische Entwicklung ist als Einleitung zum Thema angedacht und wird durch die nachfolgenden Kapitel ergänzt.

1.1 LON - Local Operating Network

LON - das Local Operating Network - ist ein Feldbussystem, das zur Realisierung von Automatisierungsfunktionen in dezentralen und kleineren bis mittleren Datenmengen in Feldprozessen in der Gebäudeautomatisierung eingesetzt wird. Entwickelt wurde das System von der im Jahr 1989 gegründeten Firma Echelon. Ziel der Entwicklung war es, die Kunden- und Herstellerinteresse an einem genormten Busstandard für dezentrale Automatisierung in Gebäuden umzusetzen. Das LON-Feldbussystem garantiert durch die Standardisierung die Einhaltung von Datenübertragung und physikalischen Eigenschaften des Systems. Herstellerunabhängige Installation und Anbindungen können durch das System einfacher und mit geringerem Kostenaufwand für Verkabelung und Anschlussarbeiten realisiert werden. Nach der Entwicklung des Konzepts für das System wurde der Feldbus-Standard im Jahr 1991 mit der Produktion des ersten Neuron-Chips - dem Kommunikationsprozessor von Feldbusgeräten - in den Gebäudeautomatisierungsmarkt eingeführt (vgl. [ECH08]).

Im Jahr 1994 wurde die Organisation LonMark International gegründet, welche zum Ziel hat den herstellerunabhängigen Feldbus im Markt zu unterstützen und die Entwicklung von neuen Innovationen voranzutreiben. Die Organisation unterstützt durch ein breites Angebot an Werkzeugen, Ressourcen und Entwicklerunterstützung den Markt. Die Organisation hat bis zum Jahr 2008 rund 600 Mitgliederfirmen, die über 350 Systeme mit mehr als 100 Millionen verschiedenen LonMark-konformen Geräten anbieten (vgl. [LOM08]).

1.2 KNX - Konnex

Der Konnex-Standard entstand aus den alten European Instabus-Standard, BatiBus und european Home Systems als Weiterentwicklung der technischen Ausführung. EIB wurde bereits Mitte der 1980 von verschiedenen Firmen der Installationstechnik gefordert und wurde dann im Jahr 1990 im Rahmen der European Installation Bus Association EIBA - der äquivalenten Organisation zu LonMark International - in den

Markt eingeführt. Erste Produkte wurden - stark unterstützt durch die Firmen Siemens, Berker, Gira, Jung und Merten - im Jahr 1991 auf den markt gebracht. Mit der Zusammenführung der Bussysteme EIB, BatiBUS und European Home System (EHS) im Jahr 2002 wurde aus der EIBA die KNX Association, welche die technologische Weiterentwicklung des Standards vorantreibt. BatiBUS ist eine Entwicklung der Firmen Landis&Gyr, Merlin Gerin u.a. und wurde über die BCI (BatiBUS Club International) herausgegeben. Der EHS-Standard wurde von der EHSA - der European Home Systems Assosiation - für Wohnhäuser und Kleinanlagen entwickelt.

Die KNX Assotiation hat bis zum Jahr über 125 Mitglieder die über 4.000 Produktgruppen und unzähligen Geräten am Markt anbieten (vgl. [KOA08]).

2. RELEVANTE NORMEN

LON wurde zunächst aus den Entwicklungen der Firma Echelon und der LonMark International als US-amerikanischer Standard ANSI/CEA-709.x und ANSI/CEA-852 standardisiert. Eine Übernahme der Norm in die europäischen EN 14908-x erfolgte in den nachfolgenden Jahren aufgrund der Marktnachfrage an dem Standard.

KNX ist durch die europäische Norm EN 50090 und die internationale Norm ISO/IEC 14543-3 festgelegt.

Die Normenblätter legen fest welche Spezifikation des OSI-Schichtmodell ausgeführt werden muss um die herstellerneutrale Datenkommunikation zu gewährleisten. Weitere Normenteile geben einen Leitfaden zur Entwicklung und Planung von den Feldbusnetzwerken.

3. TECHNISCHE MERKMALE

In den Unterkapiteln 3.1 bis 3.6 sind die technischen Daten der Bussysteme LON und KNX näher erläutert. Die Bussysteme werden jeweils in der Reihenfolge LON und KNX behandelt. Bei übergreifenden Darstellungen werden gemeinsame Tabellen dargestellt.

3.1 Telegrammform und -aufbau

Abb. 3-1 zeigt den Datenrahmen der LON-Technologie. Die unterschiedlich grau markierten Felder stellen die Bestandteile des gesamten Datenpakets am Bus dar.

Kontolldaten 2 Byte	Knoten-Adresse 3-9 Byte	Data-Header 1 Byte	Nutzdaten 1-228 Byte	CRC 16 Bit

Abb. 3-1: Datenrahmen LON

Der Datenrahmen LON beginnt mit den Kontrolldaten. Diese bestehen aus einem 2 Byte großem Datenwort, durch das die Synchronisation der Daten gewährleistet wird. Dieser Abschnitt besteht aus ByteSync und ByteSync-Feld. Das ByteSync-Feld hat mindestens sechs logische Eins-Signalen und das ByteSync besteht aus einem einzelnen binärem Null-Signal. Die Knotenadresse laut Netzwerkaufbau (siehe auch 3.3) folgt als 3-9 Byte Signal[1]. Der Data-Header aus 1 Byte gibt dem Empfänger der Daten die Priorität und die alternativen Sendedaten als Information vor den Nutzdaten. Die folgenden Nutzdaten - maximal 288 Byte groß - enthalten die Daten zur Funktionserfüllung der Prozessstation und werden auch NPDU (Network Protocol Data Unit) genannt. Der CRC Abschluss gibt 16 Bits zur Datenprüfung bekannt.

---

[1] z.B. Domain, Subnet, Node oder Domain, Gruppe, Node

4

Das Datentelegramm des KNX-Bus weist einen anderen Aufbau auf. Abb. 3-2 zeigt den Aufbau des Datenpakets in grau abgestuften Feldern. Der Anfang des Datenpakets ist dabei wie im LON-Datenrahmen der hellste, das Ende der dunkel dargestellte Abschnitt in der Darstellung.

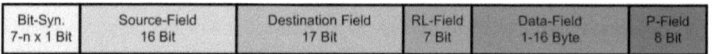

Bit-Syn. 7-n x 1 Bit	Source-Field 16 Bit	Destination Field 17 Bit	RL-Field 7 Bit	Data-Field 1-16 Byte	P-Field 8 Bit

Abb. 3-2: Datenrahmen KNX

Am Anfang des Datenobjekts steht das so genannte Control oder C-Field. Das Kontrollfeld mit der Länge von 8 Bit legt die Datenpriorität und unterscheidet standardisierter und erweiterter Datenlänge. An jedes C-Field wird ein 16 Bit langes Source-Field mit Information über die Netzwerkadresse des Senders bzw. Quelle der Daten angehängt. Dies dient bei Fehlern zur Identifikation des Senders. Die Netzwerkadresse wird nach dem ausgewählten Netzwerk (siehe auch 3.3) physikalisch oder logisch adressiert. Man erhält somit die Netzwerklokalisation, diese wird als Binärcode beim Versenden von Daten generiert. Die gleichen Informationen über Empfänger bzw. Ziel sind im Destination-Field in einem 17 Bit langem Binärwort enthalten. Das RL-Field beschreibt die zu erwartende Datenlänge der nachfolgenden Nutzdaten in einem 7 Bit Wort. Das Data-Field enthält maximal 16 Byte lange Nutzdaten zur Funktionsausführung in den Feldbusprozessgeräten. Das P- oder Prüffeld wird verwendet um bei fehlerhaften Daten eine 8 Bit Code an den Datenrahmen anzuhängen. Im Datenempfänger können dadurch eventuelle Veränderungen im Datenpaket erkannt werden.

3.2 Übertragungsarten

Die Datenübertragung zwischen LON-Knoten erfolgt asynchron. Als Buszugriffsverfahren wird ein modifiziertes CSMA-Verfahren verwendet. Dieses Verfahren lässt Telegrammzerstörung aufgrund von Datenkollision zu, deren Auftrittswahrscheinlichkeit wird eingeschränkt. Das so genannte prediktive p-persistente CSMA/CD-Verfahren ist das Ergebnis der Modifikation.

Eine Datenverbindung kann im KNX-System zwischen den Teilnehmern sowohl synchron als auch asynchron erfolgen. Bei der synchronen Datenverbindung folgt vor dem oben genannten Datenrahmen eine Synchronisation mit einstellbarer Taktphase und Polarität. Bei der seriellen asynchronen Übertragung via Software-Handshake Verfahren ist die Übertragungsrate auf einen diskreten Wert von 9,6kbit/s festgelegt.

Das Datenbit enthält hierbei zusätzlich ein Start-, ein Stop und ein Parity-Bits, mit denen die Übertragung abgeglichen wird.

3.3 Bustopologien

LonMark unterteilt Netzwerksegmente logisch in Abschnitte. Dies erwirkt eine bessere Struktur als Basis für die Topologieauswahl.

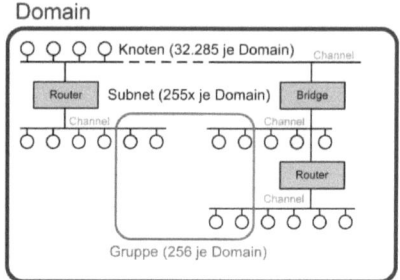

Abb. 3-3: logischer Netzwerkaufbau LON

Abb. 3-3 zeigt den logischen Aufbau des Netzwerks, welcher in den nachfolgenden Bustopologien eingesetzt werden kann. Der logische Aufbau ist für die Topologie wichtig, da durch die Gebäudeunterteilung durch logische Zuweisungen ausgewählt werden kann. Funktionen die z.b. mit LPT-Bustechnologie abgedeckt werden, können somit im logischen Aufbau bereits geplant werden. In der oberen Ansicht sind folgende Elemente dargestellt:

- Domain: Virtuelle Begrenzung eines Netzwerkabschnitts auf einem oder mehreren Channels. Eine Domain kann 32.512 Konten besitzen.

- Channel: Busabschnitt, der durch Netzwerkinfrastrukturkomponenten[2] von anderen Chanels abgegrenzt wird. Der Channel stellt das physikalische Übertragungsmedium dar, auf dem die Daten übertragen werden.

- Subnet: trennt domaininterne Zusammenhänge[3] innerhalb eines oder mehrerer Subnets. Logischer Zusammenschluss von maximal 127 Knoten einer Domain. 255 Subnets können in einer Domain vorhanden sein.

- Node: oder Knoten ist das Teilnehmergerät, welches durch eine, sieben Bit lange, Adresse im Subnet definiert wird.

- Gruppe: Dient zum gleichzeitigen Ansprechen von mehreren Knoten innerhalb eines Subnets. 256 Gruppen je Domain können mit einer, ein Byte langen, Adresse angesprochen werden.

---

[2] Router, Bridges oder Gateway
[3] z.b. alle Lichtschaltbefehle eines Mietbereichs im Gebäude.

Im LON-System sind unterschiedliche physikalische Layer[4] möglich. Je Channel können durch Router und /oder Gateways die angegebenen Arten gekoppelt werden. Diese physikalischen Layer sind:

> TPT/XF-78 und -1250: Twisted Pair Bus Topology
  Bus-, Linientopologie
> FTT-10: Twisted Pair Free Topology
  Bus-, Linien-, Stern- und Ringtopologie gemischt
> LPT-10: Twisted Pair Link Power Free Topology
  Bus-, Stern- und Ringtopologie gemischt

Diese Transrecievertypen unterstützen freie, Baum, Ring, Bus- und Linientopologien nach nachfolgend dargestelltem Aufbau.

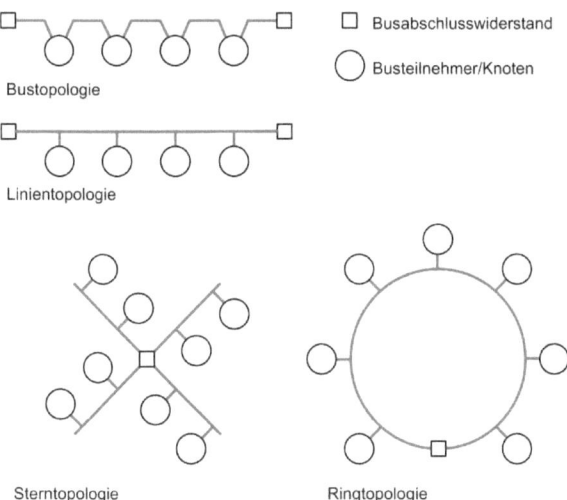

Abb. 3-4: Topologiearten LON

Abb. 3-4 zeigt die möglichen Aufbauten der Bustopologien der einzelnen Transrecievertypen. Der LON-Bus ist als rote Linie gekennzeichnet. (vgl. [TIE01])

Im KNX System gibt es einen einheitlichen Systemaufbau. Der logische Zusammenhang der Teilnehmer und Komponenten erfolgt ähnlich wie im LON-System.

---
[4] abhängig von der Transreciever-Type im Kommunikationschip des Geräts

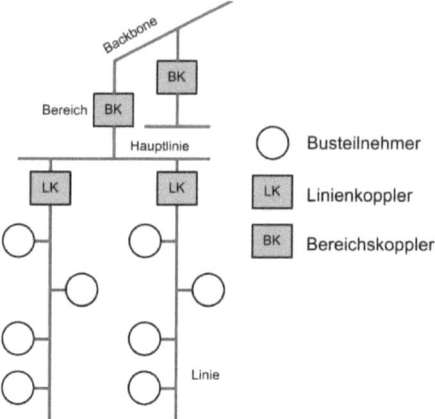

Abb. 3-5: Aufbau KNX-Netzwerk

Abb. 3-1 zeigt den Netzwerkaufbau des KNX-Systems. Das Feldbussystem wird über eine Backboneleitung[5] verbunden. Über, maximal 15, Bereichskoppler können an die Backboneleitung je Bereichskoppler eine Hauptlinien an das Netzwerk angeschlossen werden. Je Hauptlinie verbinden maximal 15 Linienkoppler jeweils maximal 255 Teilnehmer an das Netzwerk. Je Netzwerk können insgesamt 57.600 Teilnehmer enthalten sein. Die Adressierungsstruktur ist dem Schema angepasst, die Adressenvergabe erfolgt nach:

> Bereichsadresse
> Linienadresse
> Teilnehmeradresse

Das KNX-Bussystem ist ausschließlich in Linientopologie unterstützt. Der logische Zusammenhang erfolgt nach den genannten Schema.

3.4 Systemgrenzen

Die nachfolgend angeführten Daten stehen immer im Zusammenhang mit dem eingesetzten übergeordneten Interfaces. Die Systemgrenzen gelten daher nicht generell und sind abhängig von dem Verarbeitungsvermögen übergeordneter Geräte bzw. Interfaces. Die Angaben die hier festgehalten sind gelten generell für den jeweiligen Feldbus.

---

[5] auch Bereichslinie genannt

Die Tab. 3-1 auf Seite 11 zeigt die Systemgrenzen beider Feldbussysteme. Da LON-Netzwerke stark von Ihrem Aufbau abhängig sind, sind diese noch in Ihrer physikalischen Ausprägung unterteilt. Die genauen physikalischen Strukturen sind unter Kapitel 3.3 beschrieben.

Eigenschaft	LON					KNX
	TPT/XF-78	TPT/XF-1250	FTT-10	LPT-10 Bus	LPT-10 RS-485	
max. Anzahl von Teilnehmern je Bussegment	64	64	64	128	128	256
max. Buslänge im Gesamtnetzwerk des Feldbussystems	1.400m	130m	2.700m	2.200m	500m	1.000m
max. Buslänge zwischen Teilnehmern	320m	320m	320m	320m	320m	700m
max. Entfernung zwischen Versorgung und Teilnehmern	-	-	-	320m	320m	350m
max. Bussegmente je Netzwerk	255	255	255	255	255	15

Tab. 3-1: Systemgrenzen LON und KNX

3.5 Datenübertragungsgeschwindigkeiten

Die Übertragungsgeschwindigkeiten der einzelnen Bussysteme sind in Tab. 3-2 vermerkt.

		Übertragungs-geschwindigkeit [kBit/s]
TPT/XF-78		78
TPT/XF-1250		1250
FTT-10		78
LPT-10	**Bus**	78
	RS-485	39
KNX		9,6 ... 41,6

Tab. 3-2: Übertragungsgeschwindigkeiten

Die Geschwindigkeiten der KNX-Systeme ist abhängig von der verwendeten Übertragungsart. Bei asynchroner Übertragung ist der Wert mit 9,6kBit/s festgelegt. Bei asynchronen Verfahren kann die Rate bis zu 41,66 kBit/s betragen.

3.6 Busspezifische Besonderheiten

Die Bussysteme arbeiten mit standardisierten Datenpaket-Bezeichnungen. Die Datenpakete sind mit genormten Kürzeln im Programmiertool vorhanden. Dies erleichtert die Inbetriebnahme und das Binding[6] der Geräte. Im LON System sind SNVT's (standard network variable type) und UNVT's (user specicfic network variable type) möglich. Die UNVT's lassen sich nicht ohne Programmieraufwand untereinander binden. Die SNVT's sind Eingangs- und Ausgangsdaten für den unterlagerten technischen Prozess und müssen je Gerät vom Hersteller definiert und dokumentiert sein. Im KNX-System werden in den so genannten Übertragungsmodi S-Mode, LTE-Mode und E-Mode die Variablen dargestellt. Die Datenpakete sind mit DTP[7]_Name bezeichnet.

In beiden Systemen gibt es Aktoren und Sensoren, die mit direktem Busanschluss auf das Netzwerk integriert werden können.

---

[6] Binding ist das logische Verknüpfen von Datenpaketen innerhalb des Feldbussystems. Die Daten müssen somit nicht programmiert werden, sondern sind immer einer Funktion zugeordnet. Die Verbindung der Funktionen zwischen zwei Geräten erfolgt einfach durch Zuweisung der Datenpakete.

[7] DTP = Datenpunkt

4. SIGNALÜBERTRAGUNG

Die Signalübertragung der beiden Feldbussysteme ist nachfolgend näher erläutert. Die Daten über Codierung, Sicherung, Zeitverhalten, physikalische Eigenschaften und benutzerspezifische Komponenten sind beschrieben.

4.1 Codierung

Das differentielle Manchester-Codierungs-Verfahren[8] ohne DC-Anteil wird in der LON-Technologie eingesetzt. Die Manchester-Decodierung ermöglicht es, Leitungen zu führen, ohne dass auf die Polung geachtet werden muss.

4.2 Datensicherung

Der Medienzugriff bei LON und die Prüfung des Datenrahmens erfolgt über ein CRC-Datensicherungsverfahren9 mit 16 Bit Umfang.

Die Übertragungssicherung auf KNX erfolgt mit einem verbindungsorientiertem Quittungsmechanismus, welches auf der der Transportschicht der Übertragung gesichert wird. Das Sicherungspaket umfasst ein Byte. Das so genannte Sicherungsbyte dient dazu, festzustellen, ob bei der Übertragung ein Fehler aufgetreten ist. Das Sicherungsbyte wird bestimmt, indem von allen Bytes des Telegramms die Bits einer Bit-Position addiert werden - ist das Ergebnis eine gerade Zahl, so wird das entsprechende Bit des Sicherungsbyte vor der Übertragung des Telegramms auf 1 - sonst auf 0 gesetzt. Um ein Telegramm zu prüfen, addiert der Empfänger die Bits jeder Bit-Position. Das Ergebnis jeder Addition muss ungerade sein. Diese Prüfung erkennt nicht, wenn zwei Bits an derselben Bit-Position falsch sind.

4.3 Zeitverhalten und Verarbeitung kritischer Funktionen

Beide Bussysteme werden in der Gebäudeautomatisierung eingesetzt. Die Zeitfunktionen für Temperaturregelungen und klimatechnische Prozesse werden in erster Linie von der Gebäudephysik bestimmt. Die Regelorgane (Aktoren) haben dabei an die Gebäudephysik angepasste Stell- und Zeitverhalten. Gebäude sind von Grunde auf relativ träge, daher befinden sich die Reaktionszeiten für diese Funktionen

---

[8] siehe dazu Skriptum, Seite 20f
[9] siehe dazu Skriptum, Seite 26f

zwischen einigen Sekunden bis zu mehreren Minuten um ein geeignetes Zeitverhalten zu garantieren.

Kritische Zeitfunktionen sind Steueraufgaben, die eine unmittelbare Reaktion fordern. Dies sind im Besonderen Steuerfunktionen für Licht-, Jalousiesteuerungen und Luftwechselsteuerungen in einzelnen Gebäuderäumen. Dort erwartet der Nutzer Echtzeitverhalten bei der Betätigung der Funktionen Licht, Jalousie und Ventilatorsteuerung. Erfolgt die Reaktion der Steuerung nicht innerhalb von einer halben Sekunde wird die Funktion vom Nutzer als defekt bzw. zu träge betrachtet.

Um diese Kritischen Zeitfunktionen erfüllen zu können werden dezentrale Datensammler und die Priorisierung von COV-Werten angewendet. Dabei werden Jalousie-, Lichtsteuerbefehle und Stufenschaltbefehle mit höchster Priorität versehen. Die Datensammler verdichten die Daten für übergeordnete Systeme und verringern den Datenstrom am Bus. Ein System mit vielen Einzelraumreglern muss über mehrere solche Datensammler an die übergeordnete Leittechnik angeschlossen werden um die geforderten Zeiten einhalten zu können.

4.4 Physikalische Eigenschaften

Gemäß Busspezifikation LON sind unterschiedliche Übertragungsraten und Busmedien zulässig. Zu den ausführbaren Busmedien zählen die verdrillte Zweidrahtleitung (Twisted Pair - TP), Lichtwellenleiter (LWL), Infrarot (IR), Funk (Radio Frequency - RF), Koaxialkabel und Wechselstromleitung (Power Line - PL). Die Übertragungsraten liegen je nach gewähltem Übertragungsmedium zwischen 2 kbit/s und 1,25 Mbit/s.

Die Busspezifikation des KNX-Bus erlaubt die Verwendung einer verdrillten Zwei-drahtleitung. Die Übertragung der Daten kann übergeordnet über Umsetzer via Ethernet erfolgen. Die Kabelspezifikation von Ethernet sind dabei einzuhalten (Category 5 und besser).

4.5 Busspezifische Komponenten

Im LON-System werden zum Busaufbau keine spezifischen Komponenten benötigt. Die Busstruktur wird durch die Verwendung von Routern, Bridges und Switches aufgebaut. Dabei gibt es diverse Umsetzer für die verschiedenen Bustypen. Bei der Power-Line Übertragung werden spezielle Sperrfilter eingesetzt, die die Stromspitzen der Busversorgung begrenzen. Das auf die Versorgungsspannung aufmodulierte Signal des LON wird über spezielle Umsetzer realisiert.

Die Projektierung der LON-Komponenten erfolgt mit zugelassenen Softwaretools der Hersteller. Die Zertifizierung wird durch die LonMark-Association vergeben. Die Programmierung der Funktionen der Teilnehmer erfolgt jedoch Proprietär, lediglich die Verknüpfung von Ein- und Ausgangsparametern wird durch die Verwendung unterstützt. Dabei ist zu beachten, dass nur standardisierte SNVT's sich untereinander verstehen und eine funktionelle Verbindung erzeugen. Die Verwendung von produktspezifischen Daten erlaubt kein übergreifendes Binding von Variablen am Netzwerk.

Im KNX-Feldbussystem werden zum Netzwerkaufbau Bereichs und Linienkoppler eingesetzt. Diese Router sind notwendig um die Datenpakete an die richtigen Teilnehmer in den unterlagerten Segmenten zu verteilen und den Datenverkehr am Netzwerk zu regulieren. Die Verwaltung der Adressen erfolgt dabei mit der physikalischen, der Domain-Adresse und mittels Scans am ganzen Netzwerk. Die physikalische Adresse wird verwendet um im Programmiermodus alle Teilnehmer des angeschlossenen Segments zu adressieren und im Betriebsmodus gezielt abzufragen. Die Verwaltung von Domain Adressen erlaubt es physikalisch verbundene Teilnehmer in logische Segmente zu teilen. Der Netzwerk-Scan erlaubt es Teilnehmer am Netzwerk anhand ausgewählter Kriterien zu suchen.

Die Projektierung von EIB-Netzwerken erfolgt einheitlich über eine Software, das ETS-Tool. ETS steht dabei für EIB Tool Software, welches eine herstellerunabhängige Inbetriebnahme der am Bus angeschlossenen Geräte erlaubt.

Anhang

ABBILDUNGSVERZEICHNIS

TABELLENVERZEICHNIS

LITERATURVERZEICHNIS

Bücher

[TIE01]   F. Tiersch: Die LonWorks-Technologie: Herausforderung und Chance. Desotron, Thüringen, 2001.

Internet

[ECH08]   Echelon Corporation: Echelon Celebrates 20 Years of innovation; Internet: http://www.echelon.com/company/anniversary/# (Stand 13.10.2008)

[KOA08]   Konnex Association: KNX Assotiation - Introduction, Internet: http://www.knx.org/knx-association/introduction/ (Stand 13.10.2008)

[LOM08]   LonMark International: About LonMark International - Overview; Internet: http://www.lonmark.org/about/home.shtml (Stand 13.10.2008)